DOMINIQUE FLACHAT

CHANSONS

Précédées d'une Préfacette

PAR

GUSTAVE NADAUD

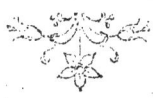

PARIS

Labbé, éditeur, rue du Croissant, 20

1889

DOMINIQUE FLACHAT

CHANSONS

PRÉCÉDÉES D'UNE PRÉFACETTE

PAR

GUSTAVE NADAUD

PARIS

LABBÉ, ÉDITEUR, RUE DU CROISSANT, 20

1889

PRÉFACETTE

Tes chansons méritent de vivre,
Mon cher Flachat, et tes amis
Pourront lire et chanter ton livre,
Je le promets, je l'ai promis.
Tu connais la petite bourse
Et les épargnes que j'y mets :
Ce n'est qu'un filet d'eau de source ;
Mais cette eau ne tarit jamais.

Tu sais, mon cher ami, par quelle combinaison de petits capitaux nous sommes arrivés, Chebroux et moi, à venir en aide à des camarades malheureux, et mieux encore, à éditer plusieurs chansonniers d'un vrai mérite qui ne trouvaient pas à publier leurs œuvres.

Il ne faut donc plus médire du capital, de *l'Infâme Capital*. Il faut laisser ce mot avec tous les autres qui sont des lunes éteintes, les Vénus, les Bacchus, les Lyres, les Pégase, les Parnasse, etc., et j'y joindrais bien volontiers les politiciens, les économistes et les diplomates.

Le capital, c'est l'épargne de l'ouvrier qui devient patron ou celle de l'ami qui se fait éditeur pour recueillir des chansons éparses et en faire un livre qui peut conduire son auteur à la célébrité.

Et j'ajouterai, pour finir comme un sermon, c'est la grâce que te souhaite ton ami

G. NADAUD.

Que j'aime les grands bois, où fauvettes et merles
        Font entendre leur chant joyeux,
A l'heure où le soleil se lève au fond des cieux,
Où chaque feuille humide est un écrin de perles !
        Sous l'azur infini,
        Des voix viennent d'éclore :
C'est l'insecte dans l'herbe et l'oiseau dans son nid,
C'est la brise qui passe, et son archet sonore
Fait vibrer chaque branche au feuillage béni.
        Au bruit de la ramure,
Aux chants qui sortent des buissons,
        Aux voix de la Nature,
        Je mêle mes chansons !

                                D. FLACHAT.

L'Alouette des Gaules

A l'heure où le jour vient d'éclore,
Lorsqu'aux champs tout va s'éveiller,
Que les oiseaux vont babiller,
Et le ciel s'ouvrir à l'aurore,
Entendez-vous dans l'éther bleu
Cette voix que la brise entraîne ?
C'est l'Alouette, dans la plaine,
Qui chante sa prière à Dieu !

Un long frisson court dans les saules ;
Une plainte sort des grands bois !
C'est que l'Alouette des Gaules,
      Pleure sur les Gaulois !

Je puis bien pleurer, moi, dit-elle !
Trop souvent j'ai vu dans mon vol
Tes ennemis fouler ton sol,
O ma pauvre Gaule immortelle !
Depuis que du chauve César,
Les nombreuses hordes romaines
Chargèrent tes enfants de chaînes,
Pour les atteler à son char !

Puis, j'ai vu de la Germanie
Ces bandes fauves de vautours,
Qui brisèrent sur leur parcours,
Ton nom, Gaulois, et ton génie.
Tes prêtres, bénissant leur camp,
Ont eu leur part du peuple esclave,
Jusqu'au jour, enfin, où la lave
Terrible jaillit du volcan !

Si j'ai vu tes douleurs profondes,
J'ai vu tes siècles glorieux,
Peuple ! ils furent grands, tes aïeux,
Ils ont aussi conquis des mondes !
Mais la conquête est un fléau,
La guerre a des lueurs funèbres,
Sa torche brûle en des ténèbres,
La torche n'est pas un flambeau !

Un jour, dans mon vol solitaire,
Je murmurais : *Au gui l'an neuf !*
Quand j'aperçus Quatre-vingt neuf
Dont l'aube illuminait la Terre.
O ma Gaule, quel beau réveil !
A toi le droit, à toi la force ;
Tu fus belle malgré ce Corse,
Qui mit un crêpe à ton soleil !

Tous ces Bonaparte — ces princes ! —
Ont disparu sous le mépris,
Mais, hélas ! à tes flancs meurtris,
Ils ont arraché deux provinces !
Ces deux sœurs qui pleurent là-bas,
Que le soudard prussien menace,
C'est la Lorraine ! c'est l'Alsace !...
Mais, il ne les gardera pas !

Peuple ! marche avec assurance !
Je vois tous tes enfants s'unir,
Marche ! marche vers l'*Avenir*,
O vieille Gaule ! jeune France !
Et Vierge et Mère avec fierté,
Le sein gonflé sous ta tunique,
France, allaite la République !
C'est l'Enfant-Dieu ! la Liberté !

Un long frisson court dans les saules,
Un chant d'amour sort des grands bois !
O sainte Alouette des Gaules,
    Chante pour les Gaulois !

Vendanges

Vrai Bourguignon, j'aime ma vigne ;
J'aime à voir courir les rameaux
Du vieux bois tortu, qui s'aligne
En rangs nombreux sur nos coteaux.
Les grappes qui pendent aux branches
Vont se récolter par milliers.
Vendangeuses aux fortes hanches,
Allons ! emplissez les paniers.

En avant, filles et garçons !
Le raisin que l'automne
Nous donne,
Qu'on l'empile dans la tonne
Où vont mûrir nos vins et nos chansons.

Nous sommes dans nos jours de fête ;
Le vin doux à plein gobelet
Se boit sans échauffer la tête :
La famille est au grand complet.
Et chaque bambin, frais et rose,
Écrasant le grain dans sa main
Se transforme, ô métamorphose !
En petit Silène carmin.

En avant, filles et garçons !
Le raisin que l'automne
Nous donne,
Qu'on l'empile dans la tonne
Où vont mûrir nos vins et nos chansons.

Le soleil a fait son office ;
Il a mûri le fruit vermeil.
La cuve est prête : qu'on l'emplisse !
Nous avons un vin sans pareil.
Le jus rosé de ces vendanges
Peut traverser un siècle entier.
Nous vendrons le blé de nos granges ;
Nos vins vieilliront au cellier.

En avant, filles et garçons !
Le raisin que l'automne
Nous donne,
Qu'on l'empile dans la tonne
Où vont mûrir nos vins et nos chansons.

Fi des empoisonneurs sans nombre
Qui font un mélange incongru
De liquides moisis dans l'ombre,
Et qu'ils baptisent vin du cru !
Allons ! tripoteurs sans vergogne,
Vous et vos vins de raisin sec,
Arrière ! Votre faux bourgogne
Ne souillera pas notre bec.

En avant, filles et garçons !
Le raisin que l'automne
Nous donne,
Qu'on l'empile dans la tonne
Où vont mûrir nos vins et nos chansons.

Lorsque la vigne dépouillée
Aura donné tout son trésor,
Si quelque part sous la feuillée
Quelques grains se cachent encor,
Songez que la grive les guette ;
Il ne faut pas la mépriser.
Elle est comme nous, la pauvrette :
Elle aime tant à se griser !

En avant, filles et garçons !
Le raisin que l'automne
Nous donne,
Qu'on l'empile dans la tonne
Où vont mûrir nos vins et nos chansons !

Le Cabaret

Dans un coin de la capitale,
Coin noir, aux buveurs plein d'attrait,
Ignoré de Dame Morale,
Il était un vieux cabaret.

A voir sa mine hospitalière,
Malgré soi, gaîment on entrait ;
Jeune était la cabaretière,
S'il était vieux le cabaret.

Buveurs joyeux chantant à table,
Servante à l'œil noir et furet,
Tout avait un air agréable,
En entrant dans ce cabaret.

Au comptoir, parmi les bouteilles,
Trônait celle qu'on adorait,
Brune fille aux lèvres vermeilles,
Elle était reine au cabaret.

Et tous les cœurs brûlaient pour elle,
Tous ! c'était su , mais un secret,
C'est qu'on ignorait qui la belle
Aimait alors au cabaret.

Le même gracieux sourire
Pour tous sur sa lèvre courait,
Et ses flacons pleins de délire
Versaient l'espoir au cabaret.

J'espérais comme tout le monde ;
Mais un soir, son œil indiscret
Darda sur la moustache blonde
D'un nouveau dans le cabaret.

Or, ce beau jeune homme au teint blême,
Eut pour la belle quelque attrait,
Car elle n'était plus la même,
Le lendemain, au cabaret.

Malgré nos chants pleins de folie,
Elle était triste et soupirait ;
Plus de bruits : la mélancolie
Vint s'installer au cabaret !

Plaisirs, amours, tout en fumée
Se dispersa... Huit jours après,
On trouva la porte fermée
Du plus joyeux des cabarets.

Maintenant encor dans sa rue,
Lorsque je passe, un doux regret
Emplit mon âme, et je salue
La place du vieux cabaret !

Les Etapes de la Chanson

Afin d'enchaîner, par l'amour,
  Les hommes sur la terre,
Du ciel est descendue un jour
  La chanson populaire.
Elle apportait ses airs joyeux ;
  Sa note, libre et folle,
Déplissait les fronts soucieux,
Et trouvait, pour les malheureux,
  Le refrain qui console.

L'ennui, les chagrins, la misère,
S'effacent devant la chanson.
De sa morale salutaire,
Découle plus d'une leçon :
  Salut à la chanson !

Au temps de Panard, les couplets,
  Grelots de la folie,
Pleins du rire des cabarets,
  Sont tous rougis de lie.
Le vieux buveur, le verre en main,
  Monté sur une tonne,
Chante Bacchus, et son refrain
Par cent voix répété soudain
  Sous la voûte résonne !

Plus tard, à ses mâles accents,
  On voit rugir la foule ;
Les bras se lèvent menaçants,
  Un vieux trône s'écroule.
Un chant d'amour, de liberté,
  Dans l'air s'envole et vibre ;
La Chanson pour l'Humanité
N'a qu'un cri partout répété :
  Que le Monde soit libre !

L'Europe veut briser nos lois :
  Aussitôt vingt armées
Pour la défense de nos droits

Se lèvent enflammées :
Nos jeunes soldats, en haillons,
Lancés dans la fournaise,
Volent, terribles tourbillons,
Tandis que sur leurs bataillons
Plane la Marseillaise.

Des jours de tristesse et de deuil,
Dont reste encor l'empreinte,
Passent et creusent le cercueil
De la Liberté sainte.
La chanson vient mêler ses pleurs
A nos jours de souffrance ;
Mais croyante en des temps meilleurs,
Elle fait glisser dans les cœurs
Un rayon d'espérance !

Victoire ! enfin le vieux Gaulois
A rompu ses entraves !
Le sol, nettoyé de ses rois,
Ne nourrit plus d'esclaves.
La chanson, libre en son essor,
Saura bien sans réplique
Briser avec ses ailes d'or
Les abus qui restent encor...
Vive la République !

L'ennui, les chagrins, la misère
S'effacent devant la chanson,
De sa morale salutaire
Découle plus d'une leçon :
Salut à la chanson !

Sous l'Œil de la Lune

Un beau soir, Jeanne la meunière,
Piquante brune à l'œil malin,
Suivait, le long de la rivière,
Le sentier qui mène au moulin.
Son âne marchait devant elle,
Et le tintin de ses grelots
Se mêlait avec la crécelle
Des grenouilles dans les roseaux.

La lune, d'un malin visage
Semblait sourire à ce tableau,
Et la brise, dans le feuillage,
Animait d'un doux caquetage,
    Chaque rameau !

De son côté, le fils de Blaise,
Revenait de moudre son grain,
Il chantait et se pâmait d'aise ;
L'écho répétait son refrain.
A quelques pas devant sa mule
Qui le suivait d'un air sournois,
Il marchait aussi fier qu'Hercule
Revenant de ses douze exploits.

La lune, d'un malin visage,
Semblait sourire à ce tableau,
Et la brise, dans le feuillage,
Animait d'un doux caquetage,
    Chaque rameau.

Sous le vieux chêne solitaire,
Chaque couple se rencontra,
Eh ! bonsoir, ma belle meunière !
Tiens ! gentil fermier, vous voilà !
Vraiment, que vous êtes jolie !
Tenez ! mignonne, sur l'honneur,
Je vous adore à la folie,
Voulez-vous accepter mon cœur ?

La lune, d'un malin visage
Semblait sourire à ce tableau,
Et la brise, dans le feuillage,
Animait d'un doux caquetage,
     Chaque rameau.

Que répondit Jeanne ? on l'ignore ;
Mais on sait bien qu'une heure après
Sous le chêne ils causaient encore,
L'un de l'autre, même, assez près.
Et tandis que d'amour, sans doute,
Meunière et fermier bavardaient,
Plus loin, au milieu de la route,
L'âne et la mule se battaient !

La lune, d'un malin visage
Semblait sourire à ce tableau,
Et la brise, dans le feuillage,
Animait d'un doux caquetage,
     Chaque rameau !

Le Flacon de l'Amitié

Enfants, l'amitié qui nous lie
Nous réunit en ce séjour,
Chantons et fêtons, tour à tour,
Le vin, l'amour et la folie !
Que tout chagrin soit oublié,
Et puisque nos coupes sont pleines,
Noyons nos soucis et nos peines
Dans le flacon de l'Amitié.

Si la fortune nous délaisse,
Le verre en main, consolons-nous ;
Sans parures et sans bijoux
Bien plus jolie est ma maîtresse.
L'or au bonheur n'est pas lié.
Fi ! de l'étiquette importune,
Nous préférons à la fortune
Le vieux flacon de l'Amitié.

Que notre colombe volage
Lasse de nos baisers d'amour,
Lasse de la mansarde, un jour,
Brise ses serments et sa cage !
Si l'ingrate lève le pié,
Dissipant tout regret frivole,
C'est ton nectar qui nous console
O vieux flacon de l'Amitié !

Notre épouse d'humeur mauvaise
Fait-elle le diable au logis,
Fuyons ses sermons et ses cris,
Que seule elle gronde à son aise !
Et tandis que notre moitié,
Pleure, tempête et fait tapage,
Narguons les tracas du ménage,
Près du flacon de l'Amitié.

Versez la liqueur brune ou blonde !
Qu'ici le vin coule à plein bord !
Versez toujours, versez à mort !

Vienne après nous la fin du monde !
En attendant que sans pitié,
Nous emporte la sombre barque
Sablons en dépit de la Parque,
Le vieux flacon de l'Amitié !

Au Bon Jean Lafontaine

Que je prenne au hasard un livre sur ma table,
Je suis sûr que, faisant la moitié du chemin,
De lui-même aussitôt se place sous ma main
Mon fabuliste aimé, le grand ! l'inimitable.

J'ouvre mon Lafontaine et je lis une fable,
Puis deux, puis trois, puis quatre... ainsi jusqu'à demain,
Tant son esprit subtil au fond du cœur humain
Pénètre et fait vibrer la note insaisissable.

Et j'écoute causer le loup, l'âne, l'oiseau,
Le renard, la fourmi, le chêne ou le roseau,
Personnages instruits autant que nous le sommes ;

Et devant ces acteurs, fous, dupés ou pervers.
Jouant la comédie *aux cent actes divers*,
Je dis : Comme c'est nous ! que voilà bien les hommes !

La Chanson du Fou

J'ai mis mes habits de fête ;
Je me marie aujourd'hui...
Sous le ciel court la tempête,
Il tonne et l'éclair à lui !
Mais d'amour mon âme est pleine,
Que m'importe le ciel noir ?
    Eh ! lon ! lon ! la !
    Me voici, Madeleine,
    Eh ! lon ! lon ! la !
    Joyeux et plein d'espoir,
    Eh ! lon ! lon ! la !
    Comme le ciel est noir !
Lon ! lon ! lon ! lon ! lon ! lon ! la !

Je franchis ta porte ouverte,
Tout ravi de mon bonheur.
Mais quoi ! ta chambre est déserte,
Je t'appelle en vain... J'ai peur !
Je tremble et suis sans haleine ;
Pourquoi ne réponds-tu pas ?
    Eh ! lon ! lon ! la !
    Les cloches, Madeleine,
    Eh ! lon ! lon ! la !
    Sonnent-elles le glas ?...
    Eh ! lon ! lon ! la !
    Tu ne me réponds pas !
Lon ! lon ! lon ! lou ! lon ! lon ! là !

Les voisins viennent me dire :
« Ne pense plus à l'amour !
Madeleine qui veut rire,
S'est enfuie avant le jour.
Le fils de la châteleine
En était amoureux fou !
    Eh ! lon ! lon ! la !
    La belle Madeleine,
    Eh ! lon ! lon ! la !
    L'emmène on ne sait où !... »
    Eh ! lon ! lon ! la !

Moi, j'ai fui comme un fou !
Lon ! lon ! lon ! lon ! lon ! lon ! la !

J'étais au port, et l'orage
Sur moi s'est précipité,
Hélas ! et j'ai fait naufrage
Sous le tonnerre irrité.
Et mon cœur, pauvre phalène,
Fut brûlé par les éclairs !
 Eh ! lon ! lon ! la !
 Si le tien, Madeleine !
 Eh ! lon ! lon ! la !
 Voyage par les airs,
 Eh ! lon ! lon ! la !
 Prends bien garde aux éclairs !
Lon ! lon ! lon ! lon ! lon ! lon ! la !

Oh ! ma douce fiancée,
Moi qui t'appelle tout bas,
Je ne t'ai pas offensée,
Pourquoi restes-tu là-bas ?
Pourtant ton fichu de laine
Valait bien moire et satin !
 Eh ! lon ! lon ! la !
 Je pleure, Madeleine,
 Eh ! lon ! lon ! la !
 Toi, du soir au matin,
 Eh ! lon ! lon ! la !
 Tu ris dans le satin !...
Lon ! lon ! lon ! lon ! lon ! lon ! la !

Et tous les jours de l'année,
Le fou vient chanter devant
La maison abandonnée
Sa chanson qu'il jette au vent.
Puis il s'enfuit vers la plaine,
Demandant aux échos sourds :
 Eh ! lon ! lon ! là !
 Où donc est Madeleine ?
 Eh ! lon ! lon ! la !
 Où sont-ils mes amours ?
 Eh ! lon ! lon ! la !
 Je les cherche toujours !
Lon ! lon ! lon ! lon ! lon ! lon ! la !

La Fontaine aux Maris

Il est une fontaine
Aux bords toujours fleuris,
Fontaine phénomène,
Lariton ! laritaine !
Qu'on nomme la Fontaine,
La fontaine aux Maris !

Aux bords de la fontaine,
— N'en soyez pas surpris —
Les filles de la plaine,
Lariton ! laritaine !
Aux bords de la fontaine,
Vont chercher des maris !

Un jour à la fontaine,
— Son endroit favori —
J'aperçus Madeleine,
Lariton ! laritaine !
Un jour à la fontaine
Qui cherchait un mari !

Aux bords de la fontaine,
Mon petit cœur chéri,
Dis-moi ce qui t'amène,
Lariton ! laritaine !
Aux bords de la fontaine
Je cherche un beau mari.

Aux bords de la fontaine,
Là, tous deux à l'abri
De ce large et vieux chêne,
Lariton ! laritaine !
Aux bords de la fontaine
Attendons ton mari.

Aux bords de la fontaine,
Un baiser je lui pris...
J'arrive à la douzaine !
Lariton ! laritaine !
Aux bords de la fontaine,
On trouve des maris.

Aux bords de la fontaine,
La belle pousse un cri !
— Ne sois pas inhumaine,
Lariton ! laritaine !
Aux bords de la fontaine,
Tu trouves un mari !

Tu pleures, Madeleine !
Va ! je suis attendri,
Loin de ton cœur la peine,
Lariton ! laritaine !
Pour toujours Madeleine,
Je serai ton mari !

Je ne fais rien comme un autre

J'éprouve presque du mépris
Pour l'homme banal et vulgaire ;
De sa simplicité je ris,
Moi qui ne lui ressemble guère.
Car des sentiers battus, jamais
Mes pas ne fouleront l'ornière ;
Je plane sur les hauts sommets,
Loin de la foule moutonnière.

Qu'on me raille, ça m'est égal,
  Je suis un drôle d'apôtre,
  Je ne fais rien comme un autre,
  C'est plus original.

Lorsqu'au printemps tout est en fleurs,
Je vais admirer, le dimanche,
La prairie aux milles couleurs
Et les bouquets à chaque branche.
Si le vent, ou quelque rameau,
Me décoiffe, alors je m'arrête ;
Puis je ramasse mon chapeau,
Et le replace sur ma tête !

Je vis libre comme l'oiseau,
Mon existence est presque étrange.
Après dix heures de bureau,
Je rentre à la maison, je mange ;
Je sors après dîner, le soir,
Tout seul, car ma femme m'ennuie,
Mais si je vois qu'il va pleuvoir,
Alors je prends mon parapluie !

Le théâtre est fort de mon goût ;
Quelquefois un drame m'attire ;
Les femmes y pleurent beaucoup,
Et voir pleurer, ça me fait rire.
Je guette donc, sournoisement,
L'instant où chaque œil papillotte,
Mais toujours au même moment,
Moi, dans mon mouchoir je sanglotte !

Mes goûts, je m'en vante, morbleu !
Ne sont pas ceux de tout le monde :
J'aime un œil noir, j'aime un œil bleu.
J'adore et la brune et la blonde.
Suis-je assis dans un gai repas,
Je bois et mange à bouche pleine,
Et préfère, même en ce cas,
Le bon vieux bourgogne au suresne.

La fortune, si j'en voulais,
Me prodiguerait ses caresses.
J'aurais des châteaux, des palais,
Mais j'ai le mépris des richesses.
L'argent, qu'on ne m'a pas offert,
Je le refuse, et marche ferme !
Avoir un hôtel, quel enfer !
J'aime bien mieux payer mon terme !

Qu'on me raille, ça m'est égal,
  Je suis un drôle d'apôtre,
  Je ne fais rien comme un autre,
  C'est plus origina.

Triolets Chansons

TOAST

Je porte un toast à la Chanson !
Je porte un toast à vous, Mesdames !
Que nos cœurs soient à l'unisson,
Je porte un toast à la Chanson !
Qui, toujours franche et sans façon,
Nous plaît, malgré ses épigrammes ;
Je porte un toast à la Chanson !
Je porte un toast à vous, Mesdames !

Dites, est-il plaisir plus doux
Que d'être assis à cette table,
Les Dames au milieu de nous,
Dites, est-il plaisir plus doux ?
Sans compter les joyeux glouglous,
Que nous murmure un vin potable,
Dites, est-il plaisir plus doux
Que d'être assis à cette table ?

Des pauvres faiseurs de chansons,
Ah ! plaignez le devoir austère !
Chaque mois nous réunissons
Des pauvres faiseurs de chansons.
Au logis, si nous vous laissons,
Vous savez souffrir et vous taire.
Des pauvres faiseurs de chansons,
Ah ! plaignez le devoir austère !

Pour ce banquet, sonnez, clairons !
Les Dames auront la réplique,
Et joyeux nous applaudirons ;
Pour ce banquet sonnez, clairons !
Dans nos refrains, nous chanterons
Le vin, l'Amour, la République !
Pour ce banquet, sonnez, clairons,
Les Dames auront la réplique !

Les Chansonniers, qu'on dit joyeux,
Ne vivent pas exempts d'alarmes,

Mais ils ont vos regards soyeux,
Les Chansonniers qu'on dit joyeux.
Et quand des pleurs mouillent leurs yeux,
Vous savez bien sécher leurs larmes.
Les Chansonniers, qu'on dit joyeux,
Ne vivent pas exempts d'alarmes.

Devant vous, anges du foyer,
La Chanson chante devant l'âtre.
Nos genoux savent se ployer
Devant vous, anges du foyer.
Votre courroux, seul, peut broyer
Dans nos cœurs la chanson folâtre.
Devant vous, anges du foyer,
La Chanson chante devant l'âtre.

Je voulais boire à la Chanson;
C'est à vous que je bois, Mesdames !
Que l'amour soit notre échanson !
Je voulais boire à la Chanson
Dont l'aile avec un doux frisson
Frôle nos amoureuses gammes...
Je voulais boire à la Chanson;
C'est à vous que je bois, Mesdames !

Dans la Rue de Rivoli

C'était, je crois, par un beau jour d'avril ;
Un gai soleil éclairait les façades,
Et moi, j'allais flânant sous les arcades,
Le nez au vent, et guettant de profil
Les frais minois et les trognes maussades.
Quand, tout à coup, devant mes yeux ravis,
Un jupon clair passa, leste et rapide,
Et, malgré moi, désœuvré, je suivis
Les petits pas de la belle sylphide.

De printemps et d'amour mon cœur était rempli ;
Aussi je ne veux pas te laisser dans l'oubli,
Charmante vision trop vite disparue !
Mais, m'as-tu fait trotter, hein ! dis-moi, dans la rue
            De Rivoli ?

Je la suivais, m'énivrant des parfums
Qui s'échappaient des plis de son costume.
Son cou flexible, ombragé sous la plume,
M'apparaissait, entre ses cheveux bruns,
Comme un rayon de soleil dans la brume.
Elle marchait d'un pas vif et pressé ;
Chose alléchante : elle avait l'air honnête.
Son pied mignon, et finement chaussé,
Brûlait l'asphalte, et mon cœur et ma tête !

Dans la cohue, épaisse ce jour-là,
Elle savait se frayer un passage,
Corsaire adroit, glissant dans son sillage,
L'air innocent comme un vrai Loyola.
Je la suivais guettant un abordage,
Cachant mon jeu, comme un homme affairé,
Je marchais vite... (On a ce droit, sans doute,)
Et j'admirais son corsage cambré,
Disant tout bas : sa route, c'est ma route.

Sous son ombrelle, un poignet gracieux
Sortait rosé d'une manchette en toile.
Hélas ! pourquoi le tissu de son voile

Me cachait-il le doux feu de ses yeux
Plus doux, bien sûr, que le feu d'une étoile ?
Je hasardais un mot, puis deux, puis trois.
Sans m'écouter elle marchait plus vite ;
Mais, bon chasseur, je sais mettre aux abois
Le fin gibier, et le forcer au gîte.

« Où courez-vous ? lui disais-je tout bas,
« C'est aujourd'hui la Foire aux pains d'épices,
« Parfois la femme a d'étranges caprices,
« Si vous vouliez, j'y conduirais vos pas,
« Je me sens prêt à tous les sacrifices.
« Ecoutez-moi, ma mignonne un seul mot :
« Avez-vous vu plus beau lundi de Pâques ? »
Mais elle allait.... et me fit faire, au trot,
Trois fois le tour de la place Saint-Jacques !

Lors, un jeune homme — ah ! pour moi quel affront ! —
Saisit son bras, hêle un fiacre qui passe :
« — Vite, dit-elle, il est sur notre trace !...
— Qui ? — Mon mari ! » Je voulus faire un bond,
Mais je les vis s'envoler dans l'espace.
Cette voix ? dis-je ! Et plein d'un noir souci,
Chez moi je cours ; j'entre comme un tonnerre :
— Lise ! réponds, ma femme est-elle ici ?...
Aujourd'hui, non. Madame est chez sa mère

Chez sa mère ! c'est juste !... Elle y va le lundi.
Pourtant ce soupçon... Bah ! qu'il aille dans l'oubli.
Ma femme est pure.... Mais, ô beauté disparue,
Que tu m'as fait trotter ce jour là, dans la rue
                De Rivoli !

Le Soleil est levé

L'aube va naître, arrêtant dans leur course
Les lampes d'or qui roulent dans les cieux ;
Eteignez-vous, soleil de la Grande Ourse,
Char de David, repose tes essieux.
De l'Orient une gerbe s'élance,
Gerbe de feu, qui semble dire : Ave !
Les bruits confus succèdent au silence,
      Le soleil est levé !

Hurrah ! demain l'étincelle électrique
Fera rouler d'immenses trains partout.
Pauvre vapeur ! Cette force historique
Aura le sort des vieux chars de Saint-Cloud.
Le téléphone apprête ses merveilles,
Et de Pékin — le principe est trouvé —
Des voix, le soir, diront à nos oreilles :
      Le soleil est levé !

Fier et viril, plein de force en délire,
Hier encor timide adolescent,
Ce beau garçon, dans ses sens a su lire,
Il s'est dressé sous l'amour caressant.
Dans le ciel bleu, son œil ravi découvre,
De Mahomet, le Paradis rêvé !...
Vite ! accourez, filles dont le cœur s'ouvre :
      Le soleil est levé !

L'Esprit nouveau, contre la vieille Rome,
Lutte sans cesse, et veut sauver l'enfant
Du noir contact de la robe d'un homme,
Et vaincre, enfin, l'éteignoir triomphant.
Dans leurs couvents, dans leurs batailles sombres,
L'enfant grandit, ignare et dépravé,
Mais pour chasser et disperser ces ombres,
      Le soleil est levé !

Toute l'Europe est pleine de vacarmes,
Les arsenaux nous font un bruit d'enfer,
Les lourds pilons partout forgent des armes,

En large fleuve on voit couler le fer.
La France attend !... Aux menaces altières,
Elle saura, le moment arrivé,
Répondre et dire en prenant ses frontières :
     Le soleil est levé !

Guerres toujours ! pourquoi cette furie ?
Humanité ! quelle tache à ton front !
Villes en feu ! champs dévastés ! tûrie !...
Croyons qu'un jour les peuples s'aimeront.
Sur l'Avenir, la lumière ruisselle,
Science, amour, âge d'or retrouvé,
Pour éclairer la Paix universelle,
     Le soleil est levé !

L'Innocente

Elle est tellement innocente,
Rose, la blonde aux yeux d'azur,
Et la candeur sur son front pur
Brille en lueur si transparente,
Que, malgré ma flamme brûlante,
Je vais soupirant nuit et jour,
Sans oser lui parler d'amour...
Elle est tellement innocente,

Elle est tellement innocente,
Que, devant ses chastes appas,
Mon œil timide n'ose pas
Braver sa prunelle charmante.
Mais l'enfant naïve et piquante
Me dit : Je vous aime bien mieux
Quand vous ne baissez pas les yeux...
Elle est tellement innocente !

Elle est tellement innocente,
Qu'elle ne sut pas refuser
L'offre d'un tendre et doux baiser,
Que je fis d'une voix tremblante.
Bah ! me répondit l'imprudente,
Un simple baiser, je le veux :
Vous pouvez même en prendre deux !...
Elle est tellement innocente !

Elle est tellement innocente,
Qu'elle ne montra nul courroux,
Quand je l'assis sur mes genoux.
Alors, de sa voix calme et lente :
« Je vous fais mal, dit l'ignorante,
« Je sens que je suis, cher agneau,
« Assise sur votre couteau. »
Elle est tellement innocente !

Elle est tellement innocente,
Que rien n'excuse mon larcin ;
J'osai sur son merveilleux sein

Poser ma lèvre frémissante !
Sous mes baisers, plein d'épouvante,
Lorsque je m'entendais rugir,
Las ! je ne la vis pas rougir !
Elle est tellement innocente !

Elle est tellement innocente !
Que ma main s'égarant partout...
Non ! je n'irai pas jusqu'au bout
De mon aventure galante.
Pourtant la suite en fut brillante,
Puisqu'elle m'avoua, tout bas,
Que Jules ne me valait pas...
Elle est tellement innocente !

Adieux à ma Présidence

Allons ! adieu, ma chère Présidence !
Partez, honneurs, dont je fus toujours fier ;
Simple mortel, et sans nulle exigence,
Je redeviens ce que j'étais hier.

Mon cher maillet, déjà tu m'abandonnes ;
Las ! je te sens glisser entre mes doigts...
Comme ils sont courts les honneurs que tu donnes !
Je te tiens là pour la dernière fois

Adieu, grandeurs !.. J'ai terminé mon rêve !
Comme l'oiseau des mers, quand vient le soir,
Qui, fatigué, va dormir sur la grève
Sur le rivage, amis, je viens m'asseoir.

De notre esquif, balancé par les lames,
Qu'une autre main prenne le gouvernail ;
Mon bras lassé laisse tomber les rames,
Car je crains trop les récifs de corail !

Pourtant, voyez ! sans trop grande avarie,
Tout doucement je vous ramène au port ;
Et notre nef, sur les flots en furie,
Peut de nouveau lutter contre le sort !

En m'éloignant de ce poste suprême,
Mes bons amis, laissez-moi dire ici,
Combien mon cœur vous chérit et vous aime ;
Je fus heureux, et je vous dis : Merci !

Car franchement, sans fausse modestie,
Pour présider j'étais novice en tout ;
Grâce à votre aide, à votre sympathie,
J'ai pu remplir mon mandat jusqu'au bout,

Lorsqu'autrefois, vers vous, joyeux apôtres,
Je vins, tout fier de mes faibles couplets,
Solliciter, frères, d'être des vôtres,
Aurais-je cru présider vos banquets ?

Mes vers alors, à la Muse rebelles,
Trop lourdement me rattachaient au sol ;
Mais, sans façon, me plaçant sur vos ailes,
Jusqu'au Zénith j'ai su prendre mon vol !

Vous m'avez fait aimer votre maîtresse ;
Un même amour désormais nous unit.
Reine Chanson, qui nous charmes sans cesse,
Mon cœur ému vient chanter dans ton nid.

C'est que le cœur est une harpe humaine
— Nous avons tous des cordes dans nos cœurs, —
Et la Chanson, quand sa main s'y promène,
Les fait vibrer, et sous ses doigts vainqueurs,

Fait éclater en cascades sonores
Ces chants si purs ou ces accords joyeux
Qui vont partout, éclatants météores,
Illuminant et la terre et les cieux !

De l'Equateur au pôle où sont les neiges,
L'air est rempli par d'harmonieux sons
Que le vent pousse, et qui, divins arpèges,
Portent au loin l'amour et les chansons !

Chansons d'amour, d'espoir ou d'allégresse,
Qui sur les fronts vont secouant leurs vers,
Refrains bénis qu'on fredonne sans cesse,
Accords puissants qui charment l'univers !

Mais j'ose dire, amis, à nos louanges,
Que sur la terre, il n'est qu'un point : — Paris ! —
Qui sait grouper les savantes phalanges
Des Chansonniers aux tout puissants écrits.

Et dans Paris, cette cité-lumière,
Il n'est qu'un point pour le poète ardent,
C'est ton arène, ô Lice chansonnière,
Dont j'ose encor me dire président !

Mais non ! tu fuis, ma chère Présidence !
Partez, honneurs, dont je fus toujours fier ;
Simple mortel, et sans nulle exigence,
Je redeviens ce que j'étais hier.

Satan Chiffonier

BALLADE

Le travailleur a fini sa journée,
Las, il s'endort, bonne nuit ! à demain !
Le vieux Satan commence sa tournée,
La hotte au dos et le crochet en main.
Le front caché sous un bonnet de laine,
Sombre et pensif, il marche lentement,
Ce soir, dit-il, ma hotte sera pleine...
Il fit entendre un long ricanement !

Sur le pavé traînant son ombre rouge,
Satan se heurte au coin d'un carrefour,
Où des buveurs attardés dans un bouge,
Chantaient gaîment un plaintif chant d'amour.
Il entre et dit : Vous buvez camarades !
J'ai soif aussi ! ça ! buvons décemment ;
A nos santés, vidons quelques rasades...
Il fit entendre un long ricanement !

Quoi ! vous tremblez ! Ai-je donc l'air féroce ?
Rassurez-vous, reprenez vos chansons.
On noce, eh bien ! moi j'en suis de la noce,
Donc, je m'invite, au diable les façons !
Vous souriez, amis, à la bonne heure !
Vous le savez, sacrebleu ! par moment,
Il faut bien rire, assez souvent l'on pleure...
Il fit entendre un long ricanement !

Et vous aussi, vous, beautés peu sévères,
Sous mon regard pourquoi donc tressaillir ?
Allons ! buvez ! et du fond de vos verres
La folle ivresse et l'amour vont jaillir.
Riez toujours, mes pâles jeunes filles,
Et les mortels se damneront gaîment
Pour les appas que couvrent vos guenilles...
Il fit entendre un long ricanement !

Toi ! vieux flacon, sur nos lèvres avides,
Verse en rubis tes humides baisers !
Vous, filles d'Eve, aux prunelles perfides,
Versez l'amour sur nos cœurs embrasés !
Dans les flots bleus d'un océan d'ivresses,
Plongeons nos cœurs, et bercés mollement,
Endormons-nous au doux bruit des caresses...
Il fit entendre un long ricanement.

Le jour naissait. Tous les brocs étaient vides !
La blonde aurore, entrant avec dégoût,
Vint éclairer des visages livides,
Froids et muets !.. Satan était debout !
Son grand œil noir lançait de vertes flammes !
Puis exhalant un sourd rugissement,
Vite il s'enfuit en emportant leurs âmes,
Jetant au ciel un long ricanement !

Promenade à Cliff-House

(CALIFORNIE)

Qu'il fut beau, ce jour, Mignonne,
Pour nos rêves amoureux,
Où par un soleil d'automne,
Nous nous en allions tous deux !
La route déserte et nue,
Aux premiers feux du matin,
Se déroulait sous la nue
Comme un ruban de satin.

Nos yeux étaient pleins de flammes,
Pleins de lumineux rayons,
Flèches d'or brûlant nos âmes,
Lorsque nous nous regardions.
Les souffles purs du rivage
Passaient, entraînant dans l'air
Les parfums du thym sauvage,
Les grandes voix de la mer.

Car, à l'horizon sans bornes,
Le Pacifique étendait
La masse de ses flots mornes,
Où l'œil rêveur se perdait.
Et tu me montrais, chérie,
Les phoques sur les récifs,
Glissant pleins de gaucherie,
Et jetant leurs cris plaintifs !

Et nous allions, quel doux rêve,
Main dans la main, et foulant
Le sable fin de la grève,
Ou bien le galet roulant,
Et nous nous disions : je t'aime !
Et nous bénissions l'amour !
L'éternel et doux poème,
Que nous lûmes en un jour !

Qu'importe ! Narguant la houle,
Comme nous courions joyeux
Près du flot qui toujours roule
Sous l'immensité des cieux !
Riant de ta peur affreuse,
De nos grands cris effrayés,
Lorsque la vague amoureuse
Venait nous baiser les pieds.

Et lorsque nous arrivâmes
Vers le navire échoué,
Cadavre fouetté des lames,
Par l'écume bafoué !
Le crabe, après la tourmente,
Vint fouiller dans son flanc noir !...
Ta bouche était souriante,
Ta pose adorable à voir !

Ma main soutenait ta hanche,
Et ton regard ingénu
Contemplait la voile blanche
S'enfuyant vers l'inconnu.
Puis, sur la vague émeraude,
Tu suivais l'oiseau plongeur ;
Moi, de ton haleine chaude
Je m'enivrais tout songeur !

Je baisais ta lèvre rose,
Je baisais ton cou charmant,
Et tu semblais me dire : « Ose !
« Ose encore, ô mon amant ! »
Et, pressant ta taille ronde,
Plein de joie, et comme un fou,
Pris de fièvre vagabonde,
Je t'entraînai, n'importe où !

Tout à coup, la grotte sombre,
Où le flot vient se briser,
Nous apparut, pleine d'ombre :
Tu voulus t'y reposer.
Elle était juste, ô ma reine,
Assez petite pour deux,
Et sa molle et blanche arène
Nous offrit un lit soyeux !

Je t'ai vue, ô douce extase !
Là, dans mes bras, et sans voix !
J'ai vu ton sein sous la gaze
Frissonner entre mes doigts...
Oh ! sur nos douces ivresses,
Cher asile des élus,
Sois muet, car nos caresses,
Las ! ne te troubleront plus.

Soleil ! tes dernières gerbes
Empourpraient les flots mouvants,
Quand nous partîmes superbes,
Pleins d'amour et rayonnants,
Eparpillant dans la plaine
Nos baisers impétueux ;
L'Univers semblait à peine
Assez vaste pour nous deux !

Et pourtant qu'il était large
— Car nous marchions enlacés —
Le sentier, étroite marge,
Qui borde les longs fossés !
La ville était loin, sans doute.
Mais nos beaux rêves sans fin
Ont soutenu, sur la route,
Nos ailes de séraphin.

Heures trop vite écoulées !
Rêves d'amour et d'espoir,
Vers les voûtes étoilées
Vous vous envoliez le soir,
Quand je la quittai, joyeuse,
« A demain ! » dit-elle... Mais
Elle oublia, l'oublieuse,
Je ne la revis jamais !

J'oubliai vite, comme elle !..,
Mon cœur s'en alla flottant,
S'accrochant à la prunelle
De tout frais minois... Pourtant,
Parfois, comme aujourd'hui même,
Je me souviens, cher trésor,
Qu'un jour tu m'as dit : « Je t'aime ! »
Toi ! t'en souvient-il encor ?

A mon Ami ROUSSET

—

La Saint-Jacques

———

C'était un beau jour de printemps,
　Le matin d'un dimanche ;
Une troupe de gais enfants,
　Ainsi qu'une avalanche,
Se ruait Gare de Lyon,
　Et, culbutant la foule,
Prenait d'assaut chaque wagon
　En criant : « Roule ! roule ! »
C'était la Lice au grand complet
　— Trente jours après Pâques —
Qui joyeusement s'en allait
Pour fêter notre ami Rousset,
　Le jour de la Saint-Jacques.

Or, la Lice allait à Saintry,
　Dans un charmant domaine
Bien ombragé, vert et fleuri,
　Tout au bord de la Seine,
Le train filait comme l'éclair,
　Orné d'un long panache,
Et superbement fendait l'air
　Comme un coup de cravache !
Le monstre de fer mugissait
　— Trente jours après Pâques —
Et, rapide, nous transportait
Chez notre vieil ami Rousset,
　Le jour de la Saint-Jacques.

Il faisait un bien beau soleil
　Plein de douces promesses,
Lorsqu'en arrivant à Corbeil,
　Tout rempli d'allégresse,
Chacun descendit..... pour monter
　Dans une autre voiture,

Et qu'on fila sans visiter
Cette sous-préfecture.
Nous n'avions qu'un but, en effet,
— Trente jours après Pâques —
C'était d'arriver d'un seul trait
Chez notre bon ami Rousset,
Le jour de la Saint-Jacques.

Enfin bientôt on se trouva
Au terme du voyage,
Notre ami nous attendait là,
Saisissant au passage
Nos mains qu'il serrait de son mieux,
Fier de voir tout son monde,
Ornant d'un gros rire joyeux
Sa face rubiconde ;
Et sa main, chacun la pressait
— Trente jours après Pâques —
Et chacun de nous embrassait
L'aimable Madame Rousset,
Le jour de la Saint-Jacques.

Et maintenant, mes chers amis
Que nous sommes à table,
Que nous voilà tous réunis,
L'instant est favorable :
Je porte à notre amphitryon
Un toast sortant de l'âme,
Je le fais suivre d'un second
Que je porte à sa Dame.
Chers hôtes, ce n'est pas en vain
— Trente jours après Pâques —
Que nous sablons ce jus divin ;
A vos santés je bois ce vin
De la côte Saint-Jacques.

Buvons à nos Vingt ans !

Sous cette treille, amis, chaque dimanche,
Gais travailleurs nous nous réunissons ;
Puisqu'aujourd'hui, nous avons carte blanche,
Jetons au vent le rire et nos chansons.
Nos petits vers, qu'inspire l'allégresse,
Fêtent toujours les fleurs et le printemps,
Le vin, l'amour et la folle jeunesse !
Buvons, amis, buvons à nos vingt ans !

Durant six jours de labeurs et de veilles,
Sous un toit noir, penchés sur nos étaux,
Un chant joyeux frappe-t-il nos oreilles,
Vite il s'éteint sous le bruit des marteaux.
Mais aujourd'hui, sous un ciel qui rayonne,
Nous accourons tous, libres et contents ;
Et dans les airs chaque refrain résonne,
Buvons encor ! buvons à nos vingt ans !

Vingt ans ! c'est l'âge où plein de poésie,
Le cœur, surpris par de brûlants désirs,
Tout enivré d'amour et d'ambroisie,
Vide à longs traits la coupe des plaisirs.
Le champ du rire a, dit-on, peu d'espace,
Au loin, jaloux, nous rejette le temps !
Vite ! rions ! si jeunesse se passe,
Buvons du moins, buvons à nos vingt ans !

C'est à vingt ans que notre cœur tressaille,
Et qu'il bondit au nom de liberté !
Que plein de joie et d'ardeur il travaille
A t'affranchir, ô sainte humanité !
En attendant que l'ère fraternelle
Verse sur nous ses rayons éclatants,
Le verre en main, sous la verte tonnelle,
Buvons toujours, buvons à nos vingt ans !

Une Heure de Rêverie.

SUR LES BORDS DU PACIFIQUE

— —

Est-ce Rose, Lise ou Toinon ?
Qu'importe à ma plume profane !
J'ai dans mon cœur écrit ton nom !
Et le cœur jamais ne se fane.
Ton nom !... oh ! je veux le cacher,
Car pour célébrer tes louanges,
Belle, il me faudrait arracher
Une plume à l'aile des Anges !

Depuis bientôt trois ans, hélas !
Que j'ai quitté ton nid de mousse,
Sans pouvoir arrêter mes pas,
Je vais où mon destin me pousse.
Ton image, sur mon parcours,
M'emplit de visions étranges !...
Toujours je te vois, mais toujours
Tu fuis dans un tourbillon d'Anges !

A quel foyer aller m'asseoir,
Moi, vagabond du Nouveau-Monde ?
Aussi quand les souffles du soir
Jettent leurs parfums à la ronde,
Je m'endors sous les cèdres verts,
Et, comme l'enfant dans ses langes,
Mon âme dans les cieux ouverts,
Plane, te cherchant près des Anges !

Te souvient-il de ce beau jour
Où nous rêvions sous le vieux saule ?
Tu reçus mes serments d'amour,
Le front penché sur mon épaule.
Tout à l'entour, dans les buissons,
Les fauvettes et les mésanges,
Chantaient pour nous, et leurs chansons
Devaient monter aux pieds des Anges !

Oh ! je veux revoir nos hameaux
Où je t'aimais toute petite :
Ici les oiseaux chantent faux,
Et le ciel toujours bleu m'irrite !
Je veux respirer sur ton cœur
Des plaisirs purs et sans mélanges ;
Que notre nid cache un bonheur
A rendre jaloux tous les Anges !

Le coup de Marteau

Couplets composés à l'occasion de ma nomination
à la présidence de la Lice Chansonnière.

Suivant nos coutumes anciennes,
Vient de passer, suprême honneur !
Des mains de Baillet dans les miennes,
Ce marteau qui fait mon bonheur.
Cher instrument, viens à mon aide...
Puisqu'on t'offre à moi pour cadeau,
C'est qu'on sait bien que je possède,
Un superbe coup de marteau !

Pourtant ce n'est pas mince affaire
Que présider à nos banquets,
Devant mon peu de savoir-faire,
Vous devriez être inquiets.
Pour moi, je suis plein d'assurance ;
Car dans mon emploi, tout nouveau,
J'ai des droits à votre indulgence,
Et de plus mon coup de marteau !

J'ai pour m'aider dans cette enceinte
Un bureau sagement choisi ;
Aussi je marcherai sans crainte,
Et sans redouter vos lazzi.
Je veux, pour alléger ma tâche,
Bien m'appuyer sur mon Bureau ;
S'il me trouve lourd et se fâche,
N'ai-je pas mon coup de marteau ?

Et puis j'ai pour aide à ma gauche
Un camarade plein d'entrain,
Quand sur son Pégase il chevauche,
Comme il sait lancer un refrain !
Je puis parier, sans blasphème,
Ma chanson contre son... chapeau, [1]

---

(1) Jules Jeannin qui n'a jamais porté aucune coiffure.

Qu'il possède, plus que moi-même,
Un vigoureux coup de marteau.

J'ai le droit de dire, sans doute,
Chère Lice, que tes élus,
Sont des maîtres que l'on écoute,
Des poètes chantés et lus.
De Blondel tressaillent les mânes, [1]
S'il nous contemple incognito...
« C'est (dit-il) le Bureau des crânes,
« Redoutons ses coups de marteau ! »

Je sais les devoirs qui m'incombent :
La Lice, dans ses gais ébats,
Est un champ de bataille où tombent
Quelquefois les meilleurs soldats.
J'aurai le doux mot qui console,
Et j'entourerai tout fiasco
D'une magnifique auréole,
Et de joyeux coups de marteau !

Il faut enfin que je me taise :
Nous perdons un temps précieux,
Je vais me rasseoir sur ma chaise,
Et redevenir sérieux.
Prends ce maillet, ô mon cher Vice !
Va ! mange ta part du gâteau
Et puisqu'il faut que ça finisse,
En avant ! le coup de marteau !

(1) Blondel, un des fondateurs de la Lice Chansonnière,
grand faiseur de calembours devant l'Eternel.

Elle !

Je la rencontre chaque jour,
Belle et fière sur son passage.
Dans mon cœur, aussitôt, l'Amour
Vient gazouiller son doux ramage.
Et sa voix qui sait tout charmer,
M'attriste en cherchant à me plaire ;
Moi qui ne voulais plus aimer !
Amour menteur, veux-tu te taire !

Mais malgré moi je suis ses pas,
Et tout rempli d'un trouble extrême,
Je soupire, et me dis tout bas :
Qu'il est heureux celui qu'elle aime !

J'admire, timide amoureux.
En suivant ma belle adorée,
Son cou blanc sous ses noirs cheveux
Et sa taille souple et cambrée.
Je rougis, comme un jouvenceau,
Si j'aperçois sa jambe fine,
Quand pour traverser le ruisseau,
Elle découvre sa bottine !

Et malgré moi je suis ses pas,
Et tout rempli d'un trouble extrême,
Je soupire, et me dis tout bas :
Qu'il est heureux celui qu'elle aime !

Non ! la Grande Dame n'a pas,
Malgré l'art de sa couturière,
Autant de grâce, autant d'appas,
Que ma séduisante ouvrière.
Son teint vermeil, éblouissant,
N'emprunte rien à la peinture.
C'est de la force, c'est du sang !
Elle est fille de la Nature.

Et malgré moi je suis ses pas,
Et tout rempli d'un trouble extrême,

Je soupire et me dis tout bas :
Qu'il est heureux celui qu'elle aime !

Qu'il est heureux son bien-aimé
Quand plein de délire et de fièvre,
Quand, par l'Amour tout consumé,
Il cueille un baiser sur sa lèvre.
Hélas ! mon seul bonheur à moi,
C'est de la chanter à voix basse
C'est d'être tout tremblant d'émoi
Quand belle et joyeuse elle passe !

Aussi, toujours, je suis ses pas,
Et tout rempli d'un trouble extrême,
Je soupire et me dis tout bas :
Qu'il est heureux celui qu'elle aime !

Pierre Gringoire

Hé ! dit Robin Poussepain,
　Hé ! l'ami Gringoire,
Devant la Pomme de Pin,
　Tu passes sans boire ?
Entre ! nous sommes nombreux,
Viens noyer tes songes creux.

　　　Versez donc à boire,
　　　　　O gué !
　　　Au pauvre·Gringoire,
　　　Au pauvre Gringoire,
　　　　　O gué !
　　　Versez donc à boire !

Qu'as-tu fait de ta gaîté,
　Vieux fils de la Gaule ?
D'où viens-tu maigre et crotté,
　Penché comme un saule ?
Allons ! bois ! et chante-nous
Ta chanson sur les glouglous !

　　　Versez donc à boire
　　　Au pauvre Gringoire !

— Compaings, vous êtes joyeux,
　Et moi je suis sombre.
Lorsque Phœbus brille aux cieux,
　Je grelotte à l'ombre,
J'ai soif d'amour, Jean Frollo,
Mon cœur ne boit que de l'eau !

　　　Versez donc à boire
　　　Au pauvre Gringoire.

J'aime d'un amour maudit
　Une bohémienne,
Et cette femme, on le dit,
　Amis, c'est la mienne !
Triste banquet des amours,
J'ai faim ! je jeûne toujours !

Versez donc à boire
Au pauvre Gringoire !

Pour un soldat matador,
    La belle agonise !
Soldat tout chamarré d'or
    Comme un saint d'église,
A lui la coupe au vin clair,
A moi le calice amer !

Versez donc à boire
Au pauvre Gringoire !

Parfois courant comme un fou,
    Pauvre feuille morte !
Je m'en vais sans savoir où,
    Où le vent m'emporte !
Et brisé, las de souffrir,
Je cherche un coin pour mourir !

Versez donc à boire,
Au pauvre Gringoire !

Adieu donc, soleil et fleurs :
    La Camarde gronde !
Je mêle mes derniers pleurs
    Aux vins de ce monde.
Verse ! la fille à plein bord,
Je porte un toast à la Mort !

Versez donc à boire
Au pauvre Gringoire !

Ah ! puisque la Mort, ce soir,
    Doit briser mon verre,
Verse, ma blonde à l'œil noir,
    Au pauvre trouvère.
Verse à celui qui s'en va
Chez le Diable ou Jéhova !

Versez donc à boire
Au pauvre Gringoire !

Ta prunelle est un velours,
O ma vierge folle !
Parle encor, parle toujours,
Ta gaîté console.
J'aime ton rire joyeux,
Tu me fermeras les yeux !

Versez donc à boire
Au pauvre Gringoire !

Hé ! dit Jean Frollo, je crois
Gringoire en ribote,
Il se pâme, le sournois,
Sur la Callebotte.
Diable ! attendez donc l'hymen,
Nous vous marîrons demain !

Et versons à boire,
O gué,
A l'ami Gringoire !
A l'ami Gringoire,
O gué !
Versons donc à boire !

Un Soir en Mer

Ah ! maudit soit le caprice
Qui me fit quitter hier
Ma belle ville de Nice
Pour faire un voyage en mer !
Là sur ce plancher mobile,
Je chancelle à chaque pas,
Et mon estomac débile
A tout se refuse, hélas !

Oh ! la ! la !
Je sens là,
Quand nous plongeons dans la vague
Quelque chose en moi de vague...
Oh ! la ! la !
Qu'ai-je là ?

Dam ! si j'étais seul au monde,
Pour moi je ne craindrais rien ;
Mais j'ai femme jeune et blonde,
Dont je suis le seul soutien.
Ma femme ! ma douce Estelle
Sur terre est mon seul souci...
A propos, où donc est-elle ?
Je ne la vois pas ici !

Oh ! la ! la ! etc.

Il est vrai qu'il fait bien sombre ;
Un peu vif est l'Aquilon.
Mon Estelle a peur dans l'ombre ;
Elle doit être au salon.
Cher ange ! comme elle m'aime !
Mais par là qui peut causer ?
Oh ! chut ! c'est tout un poème :
J'entends le bruit d'un baiser.

Oh ! la ! la ! etc.

Je suis curieux en diable,
Doucement approchons-nous...

Oh ! créature adorable !
Elle accorde un rendez-vous.
— Ne craignez rien ! j'ai, dit-elle,
Un mari plein de candeur !
— Un mari !... fichtre ! ma belle,
C'est très drôle, sur l'honneur !

            Oh ! la ! la ! etc.

Cette femme est un salpètre !
Moi, qui suis un séducteur,
Si je pouvais la connaître,
Demain j'offrirais mon cœur.
La lune, enfin, d'un nuage
Sort son croissant lumineux ;
Je vais donc voir son visage...
Ciel ! ma femme !... Oh ! sort affreux !

            Oh ! la ! la ! etc.

Infâme et perfide épouse !
Voilà de vos tours subtils.
Mais à ma rage jalouse
Je vous... Tiens !... où dònc sont-ils ?
Plus personne !... ah ! c'est risible,
J'ai dû rêver, sur ma foi !
Me tromper, elle ?.. impossible !
Son cœur ne bat que pour moi !

            Oh ! la ! la !
            Je sens là
Quand nous plongeons dans la vague,
Combien ma raison divague...
            Oh ! la ! la !
            Qu'ai-je là ?

Simonette

Plus belle qu'un jour de printemps,
    La brune Simonette,
Chaque matin conduit aux champs
Son troupeau de moutons tout blancs,
Qu'elle güide avec sa houlette,
En chantant ce doux refrain-là :

    Landerira ! Landerirette !
    Amour prends mon... landerira !
    Amour, prends mon cœur, le voilà !
    Landerira ! Landerirette !

Certain jour, au bord du ruisseau
    La bergère s'arrête ;
Elle s'assied sous un bouleau
Pour baigner ses pieds nus dans l'eau
Et le flot pur qui la reflète
Emporte ce doux refrain-là :

    Landerira ! Landerirette ! etc.

Tandis que dans les verts buissons,
    Le pinson, la fauvette,
S'excitaient par de joyeux sons,
Et dans l'air lançaient leurs chansons ;
Elle s'endormit sur l'herbette,
En murmurant ce refrain-là :

    Landerira ! Landerirette ! etc.

Sylvain qui s'en allait au bois,
    Entendit la fillette ;
Or, s'approchant en tapinois,
Du côté d'où sortait la voix,
Il aperçut la bergerette
Rêvant tout haut ce refrain-là :

    Landerira ! Landerirette ! etc.

Hélas ! sous son premier baiser
    S'éveilla l'indiscrète,
Puis un second vint s'imposer,
Elle n'osa le refuser !
L'Amour, ma pauvre Simonette,
Entend toujours ce refrain-là :

    Landerira ! Landerirette ! etc.

Le soir, Simonne aux yeux si doux
    Pleurait toute seulette,
Bien que Sylvain eût, à genoux,
Juré qu'il serait son époux.
Et dans sa douleur, la pauvrette,
Soupirait ce vieux refrain-là :

    Landerira ! Landerirette !
    Tu m'as pris mon... landerira !
    Tu m'as pris le cœur que voilà !
    Landerira ! Landerirette !

Où sont les Neiges d'Antan

A l'âge où l'on apprend à lire,
· Vers l'école chaque matin,
Le cœur bien gros, je dois le dire,
Je me dirigeais incertain.
Car à cette aube printannière,
Ce qui nous semble le plus doux,
C'est bien l'école buissonnière,
Mais, qu'elle m'a valu de coups !
Du vieux magister, peu crédule,
Qui m'appelait : petit Satan,
Où donc a passé la férule ?
Mais où sont les neiges d'Antan ?

A la maison j'étais terrible,
Du moins, on le disait alors.
Mais si j'étais incorrigible,
Je savais avouer mes torts.
Surtout, quand ma mère en alarmes,
Pour prix d'un futile chagrin,
Disait, m'inondant de ses larmes,
Méchant ! on te fera marin,
Et ballotté sur l'onde amère,
Tu vireras au cabestan...
Où sont les baisers de ma mère ?
Mais où sont les neiges d'Antan ?

Quant vient l'heure où le cœur s'entr'ouvre,
Sous les éclairs de deux beaux yeux,
Sous le chaud regard qui vous couvre,
On est tout triste et tout joyeux.
Ah ! je connus d'ardentes fièvres,
Belle brune aux yeux de velours,
Lorsque, tes lèvres sur mes lèvres,
Tu jurais de m'aimer toujours.
Bien d'autres avaient tes caresses,
Mais je me croyais ton sultan...
Où sont mes premières ivresses ?
Mais où sont les neiges d'Antan ?

Plus tard, s'élargissait ma flamme ;
J'aimais plus encor, j'adorais,
Non une femme, mais la Femme !
Je l'aimais dans tous ses attraits.
Et mon cœur débordant de sève,
Je le jetais à tous les vents,
Narguant l'illusion du rêve,
J'étais fort parmi les vivants.
Où sont les houris, les idoles,
De mon beau ciel mahométan ?
Où sont-elles ces vierges folles ?
Mais où sont les neiges d'Antan ?

Parmi mes passions anciennes,
La Poésie eut mes faveurs.
Hélas ! n'obtenant pas les siennes,
Il fallut bien sécher mes pleurs.
Et pourtant, Muses adorées,
Sur ma palette je broyais
Les rimes les plus colorées,
Et plein de foi, je me voyais,
Sur le piédestal de l'histoire,
Posé plus d'aplomb qu'un titan,
Où sont mes beaux rêves de gloire
Mais où sont les neiges d'Antan ?

Oui, c'est ainsi que tout s'écroule
Et que tout tombe de nos mains,
Le sol poudreux que le pied foule
N'est fait que de débris humains.
Sur tout cela, la rose pousse,
Et je suis heureux... quelquefois !
Quel homme n'a sa lune rousse...?
La mienne règne douze mois.
J'attends que la Mort familière,
Un beau soir, me dise : Va-t-en !
Il me plaît de voir ma poussière
Se mêler aux neiges d'Antan.

Un Rêve

Au bord du limpide ruisseau
Qui folâtre dans la prairie,
Plein d'une douce rêverie,
Au léger murmure de l'eau,
Je m'endormis sous un bouleau.
Au lieu de me montrer ma brune,
M'adorant sous son baldaquin,
Un songe fantasque et taquin,
Me prenant dans ses bras, me lance dans la lune !

Or, projectile improvisé,
En touchant ma nouvelle terre,
Je roule au fond d'un noir cratère,
Où j'arrive moulu, brisé,
Et même un peu dépaysé.
Je maudissais mon infortune,
Et non sans un certain frisson,
Me comparant à Robinson,
Je songeais qu'il est loin de la terre à la lune !

Mais bah ! à quoi sert de gémir ?
Vite ! allons, reprenons courage.
Dans la lune j'ai fait naufrage,
Soit ! c'est tout simple, et sans frémir,
Je dois lutter, non m'endormir.
Quelle est ma route ? Il n'en est qu'une !
Il faut sortir de ce cercueil ;
Agile comme un écureuil,
Je m'élance, et j'arrive au sommet de la lune !

Mais un pic n'est pas un salon ;
Cherchons un gîte, le temps passe ;
Et me voilà fendant l'espace,
Franchissant montagne, vallon,
Comme si j'étais en ballon.
Tout à coup, près d'une lagune,
Je vois surgir à mon côté
Un bon gendarme tout botté,
Qui tout surpris me dit : Que fais-tu sur la lune ?

— Vous voyez !... sous ces arbres verts,
Cher Pandore, je me promène.
— La lune n'est pas ton domaine.
Mais, va ! sur tes dessins pervers,
Vagabond, j'ai les yeux ouverts.
A mon épouse Rodogune,
Je sais quo tu fais les yeux doux...
Elle t'a donné rendez-vous
Pour planter sur mon front le croissant de la lune.

— Erreur mon bon gendarme, erreur !
Nous brûlons d'une flamme ardente,
Mais votre épouse est innocente,
Et si je possède son cœur,
Ah ! c'est en tout bien tout honneur.
— Merci ! bon jeune homme !... O fortune !
Désormais je ne crains plus rien ;
Tes paroles, qui font du bien,
Apportent dans mon âme un rayon de la lune.

— De moi conserve un souvenir :
C'est le meilleur des antidotes ;
Tiens, prends ! je te donne mes bottes...
Oh !... je fais plus que défaillir,
Je tombe, et je me sens mourir !
J'éternue... et dans la nuit brune,
Me réveillant sous mon bouleau,
J'aperçois, au ciel et dans l'eau,
Le visage moqueur de ma maudite lune.

A mon Ami HACHIN

Membre titulaire de la Lice Chansonnière depuis 1832

—

A la Lice Chansonnière

———

Malgré ton demi-siècle, ô Lice Chansonnière,
Toujours jeune et pareille au matin d'un beau jour,
Tu vogues doucement, le front plein de lumière,
  Et le cœur plein d'amour.
Tu vogues toujours belle et toujours souriante,
Laissant tomber partout tes rires et tes chants,
Refrains vite saisis par le peuple qui chante,
  Par l'ouvrier des champs.

Certes, on ne dit pas : C'est la Lice qui passe !
La foule nous ignore, eh, qui le contredit ?
De ses couplets joyeux la Lice emplit l'espace,
  Et cela lui suffit !
Comme le moissonneur amoncelant les gerbes,
Elle amasse les vers, rassemble ses moissons,
Et les lançant au ciel, fait en notes superbes.
  Retomber des chansons !

Et depuis cinquante ans nos chansons s'éparpillent ;
Pêle-mêle, elles vont, flottant au gré des airs,
S'unissant à la voix des oiseaux qui babillent,
  Ou bien dans les éclairs,
Mêlant leurs grandes voix aux éclats de la foudre !
Et quand Paris bouillonne en ses convulsions,
On peut les voir passer au milieu de la poudre
  Des Révolutions !

En sommes-nous plus fiers ? Non ! car pour nous la gloire
C'est de voir que nos cœurs battent à l'unisson,
C'est, en vrais chansonniers, de chanter et de boire
  A la Reine Chanson !
C'est d'être réunis dans un repas intime,
D'applaudir aux refrains, qu'ils soient graves ou fous ;

Car la Chanson, amis, c'est le lien sublime
    Qui nous fait aimer tous !

Aussi, je porte un toast, ô Lice chansonnière,
A notre bon Hachin, qui, depuis si longtemps,
Porte si vaillamment notre vieille bannière
    Dans ses bras de vingt ans !
Depuis un demi-siècle il assiste à nos fêtes,
Et son vers, toujours frais, chante comme un pinson !
La Chanson, cher Hachin, est partout où vous êtes.
    Je bois à la Chanson !

Une Embuscade

—

Des Uhlans vont passer ! Franc-Tireurs, à nos postes !
Cachés dans ces buissons, le long du chemin creux,
Surprenons ces bandits ; que nos balles sur eux
Pleuvent dru comme grêle et restent sans ripostes.
Car ces soudards maudits ne sont pas des soldats,
Mais d'ignobles pillards, des lâches, des infâmes !
Nous avons à venger nos filles et nos femmes ;
Ne visez pas au cœur ces gens-là n'en ont pas !

Qu'un seul n'échappe !
C'est la dernière étape
De ces vils maraudeurs.
Car la France meurtrie,
Nous crie :
En avant Franc-Tireurs !

Voyez ces noirs débris, là-bas, sous la fumée !
Hier c'était un hameau, ce n'est plus qu'un tison.
Hélas ! interrogez tout ce sombre horizon,
La ruine est partout où passa leur armée.
Mais notre sol souillé leur ouvrira ses flancs ;
Ces hordes, notre sol les dévorera toutes !
Et dans cent ans encor, les fossés de nos routes,
Seront sur leurs parcours jonchés de leurs os blancs !

Qu'un seul n'échappe !
C'est la dernière étape
De ces vils maraudeurs.
Car la France meurtrie
Nous crie :
En avant Francs-Tireurs !

Alerte ! les voici !... surtout pas de coup double ;
Allons ! chacun son homme, et visons bien, morbleu !
La victoire est pour nous. Voyez, sous notre feu,
La Mort sème en leurs rangs le désordre et le trouble.

Notre plomb est rapide, ils se sauvent en vain,
Ils n'échapperont pas... Race fauve et féroce !...
Leurs cadavres sont-là ! Poussez-les de la crosse,
Et qu'ils aillent pourrir au fond de ce ravin !

Pas un n'échappe !
C'est la dernière étape
De ces vils maraudeurs.
Et la France chérie
Nous crie :
En avant Francs-Tireurs !

Monsieur Du Sac

Il a le ventre épais et rond ;
Pourtant il fait maigre en carême.
Peu de cheveux ornent son front,
Mais il a du toupet quand même.
De son œil bleu, pur comme un lac,
Un parfum de candeur s'échappe...
Tant pis pour vous s'il vous attrape,
Il est malin Monsieur Du Sac !

Tout jeune il quitta le pays,
Roula de province en province,
Et vint s'arrêter à Paris,
Muni d'un bagage assez mince.
Alors, son chauve havresac,
Etait vide comme sa bourse.
Depuis, il a trouvé la source
Du Pactole, Monsieur Du Sac.

Dans un trou noir et repoussant,
D'abord, humblement il s'installe ;
Prêtant au pauvre à cent pour cent,
Tout en lui faisant la morale.
Comme il tenait du bric-à-brac,
Il avait pu mettre une enseigne,
A présent, en vainqueur il règne,
Il prête aux rois, Monsieur Du Sac !

Dam ! il connaît tous les secrets !
Qu'il joue à la hausse, à la baisse,
L'argent entre dans ses filets,
Et va s'empiler dans sa caisse.
Son père porte le bissac,
Et se couche heureux... lorsqu'il dîne !
Mais, lui ! comme il a bonne mine !
C'est qu'il vit bien, Monsieur Du Sac !

Auprès du sexe il est charmant ;
Son corps ondule et se balance ;
Il sait tourner un compliment,

Mieux qu'un marquis de la Régence.
La créole, dans son hamac,
A moins que lui de grâce encore...
Sa bourse a du chic... on l'adore !
C'est un beau gas, Monsieur Du Sac !

Il est poète quelquefois ;
Mais plus honnête que Vormspire,
Ses vers, il les acheta au poids,
Sa lyre est dans sa tirelire.
Voyez-le, cambré dans son frac,
Il est fort beau lorsqu'il déclame,
On ne lui croirait pas tant d'âme,
Il fait pleurer, Monsieur Du Sac !

Il possède un journal à lui,
En haut parage, fort en vogue.
De l'Ordre il est un ferme appui,
Aussi malheur au démagogue.
Il vous a des airs de bivouac,
Mais n'ayez pas peur, s'il se fâche,
Il est méchant, mais il est lâche !
Il vivra vieux, Monsieur Du Sac.

Comme tendre ami du pouvoir,
Il est député, c'est dans l'ordre.
Sourire à droite est son devoir,
Mais à gauche il sait qu'il doit mordre.
Aussi, sur son noble estomac,
Brille un ruban rouge, écarlate !
D'être un jour ministre il se flatte.
Pourquoi pas, cher Monsieur Du Sac ?

A nos Dames

Non ! je n'ose pas devant vous, Mesdames,
Chanter vos attraits, vos yeux pleins d'appas,
Car mon cœur ému craint vos épigrammes,
Je chanterais bien... mais je n'ose pas.

Si j'ose parfois chanter vos louanges,
C'est quand je suis seul écoutant mes sons ;
Et mes vers alors, pour chanter les Anges,
S'envolent vers vous, pleins de doux frissons.

Mais devant vous, non ! je n'ose rien dire,
Je n'ose pas voir votre front si pur,
Je ne veux pas voir votre doux sourire ;
Mon œil égaré flotte dans l'azur.

Votre grâce exquise a bien trop de charmes,
Et l'Amour malin, ce dieu tentateur,
Me laisserait seul essuyer mes larmes,
Tout en me raillant, l'espiègle menteur.

Pourtant malgré moi, mon regard se pose,
Ainsi que l'abeille, et va voltigeant
Du bluet au lis, du lis à la rose,
Ou sur vos beaux yeux au reflet changeant.

Et j'ose admirer, et je me sens vivre,
Et j'ose effleurer la coupe aux Amours,
Et la lèvre en feu, je bois et m'enivre,
Et je dis tout bas : j'aimerai toujours !

Oui je veux chanter ! La Beauté m'inspire.
Tout, sous le ciel bleu, dit qu'il faut aimer ;
L'insecte et l'oiseau, tout chante et soupire,
Et nier l'amour serait blasphémer.

Mes chansons pour vous s'en iront par gerbes,
Et les grands prés verts n'auront en Avril,
Plus de doux parfums, plus de fleurs superbes,
Et les gais pinsons plus joyeux babil.

Ainsi que l'oiseau visitant les treilles,
Qui va s'enivrant du fruit savoureux,
Comme je mordrais aux grappes vermeilles,
Qui charment ici mes yeux amoureux.

Trésor du foyer, sœur, épouse, mère,
Vous (frêles dit-on) êtes nos soutiens ;
Et dans nos moments de tristesse amère,
Vous nous consolez, chers anges gardiens.

Aussi chaque mois, c'est avec tristesse
Que nous vous laissons au logis, là-bas !
Nous ! rire sans vous !... oh ! cela nous blesse ;
Puis l'ennui nous ronge où vous n'êtes pas.

Seuls, et sans remords, nos célibataires
S'amusent gaîment ; mais nous, bons époux,
Nous, calmes et froids comme des notaires,
Nous n'osons pas rire... en pensant à vous.

La Chanson de Madeleine

Tourne, mon fuseau, sous mes doigts agiles,
Tords en long fil blond ce lin précieux,
Ce lin qui bientôt, dans des mains habiles,
Deviendra tissu souple et merveilleux.
Chemise et mouchoir de fine batiste,
Qui vous usera ? las ! ce n'est pas moi,
Pourtant, ce n'est pas cela qui m'attriste,
Non ! c'est que Sylvain a trahi sa foi.

　　　Les plaines sont blanches,
　　　Et le ciel est noir,
　　　Sous les vents du soir
　　　Gémissent les branches.
　　　Les plaines sont blanches,
　　　Mais le ciel est noir !

Nous n'avions qu'une âme et qu'une pensée,
Nous nous promettions d'être unis toujours,
Et depuis dix ans il m'a délaissée !
J'ai compté les mois, j'ai compté les jours.
Une dame, un soir, s'arrête au village,
Et le lendemain, Sylvain s'est enfui !
Elle était trop belle ou j'étais trop sage ;
Mais s'il m'oublia, moi, je pense à lui !

Si je pleure encor, c'est lorsque je souffre,
Mon cœur oppressé se soulage ainsi ;
Dans la cheminée où le vent s'engouffre,
On entend des voix qui pleurent aussi.
Et je crois alors, ô douce chimère,
Je crois qu'il est là, qu'il est revenu...
Pauvre vieille fille !... Etre épouse et mère,
C'eut été ma joie !... il n'a pas voulu !

La neige qui tombe a blanchi la plaine ;
Mais la fleur qui dort aura son réveil,
Avril reviendra !... Pour toi, Madeleine,
Il n'est plus de fleurs et plus de soleil !

Si le ciel est noir, mon cœur est de même ;
Mais il est resté doux et généreux.
Seigneur ! que sa femme autant que moi l'aime !
Qu'il ait des enfants, et qu'il soit heureux !

　　Les plaines sont blanches,
　　Et le ciel est noir.
　　Sous les vents du soir
　　Gémissent les branches,
　　Les plaines sont blanches,
　　Mais le ciel est noir !

Saône et Loire

Noctambule amoureux du silence des nuits,
    J'aime à rêver sous le ciel sombre,
    Où je crois voir passer dans l'ombre
Les choses d'autrefois, et j'entends de doux bruits
    Sur la Saône qui coule !
Bruits confus et légers, mais aussi, par moment,
J'entends des voix gronder comme un rugissement,
    Sur le Rhône qui roule !

Je reconstruis, pensif, les siècles écoulés,
    Et je vois Lyon dans sa gloire,
    Debout au seuil de notre histoire,
S'élever et grandir sous les cieux étoilés !
    C'est la Saône qui coule !
Mais comme une avalanche on voit passer les Francs,
C'est le Nord qui sur nous lance ses ouragans,
    C'est le Rhône qui roule !

De la Belle Cordière, aux sonnets langoureux,
    Les vers chantent à mes oreilles ;
    On dirait un essaim d'abeilles,
Il passe dans les airs des refrains amoureux,
    C'est la Saône qui coule !
Puis du bon Rabelais, rêvant Pantagruel,
J'entends la voix sonore et le rire éternel,
    C'est le Rhône qui roule !

Artistes-ouvriers, de mille tons divers
    Brodez le velours et la soie ;
    Paix et travail font votre joie,
Vous êtes acclamés dans tout notre Univers :
    C'est la Saône qui coule !
Louis le Grand est vieux, vite fuyez, amis,
Il sonne le beffroi des Saint-Barthélemy,
    C'est le Rhône qui roule !

Je vous vois dans l'azur passer l'étoile au front,
    Vous les amoureux de la forme,
    Vous tous, les Philibert Delorme,

Coisevox et Coustou, Flandrin, Pierre Dupont,
   C'est la Saône qui coule !
Et toi, grand inventeur, sublime et bon vieillard,
Toi qu'on voulut noyer, ô mon pauvre Jacquard,
   Dans le Rhône qui roule !

Quand l'horizon blanchit, gagnant nos vieux quartiers,
   J'entends les canuts à l'ouvrage.
   Patients et pleins de courage,
Ils chantent gravement, penchés sur leurs métiers :
   C'est la Saône qui coule !
Mais lorsque le chômage a fait les ventres sourds,
On voit les affamés descendre les faubourgs,
   C'est le Rhône qui roule !

A mon Frère Joanny FLACHAT

—

Jean des Entommûres

Vite une bouteille, cordieu !
    Allons, notre hôte,
Une bouteille large et haute !
Mais une bouteille, c'est peu ;
Je me sens les tripes en feu...
Emplis pour moi tes plus larges-mesures,
  Car je suis Jean des Entommûres !

Il pleut ! le vent souffle dans l'air ;
Je plains les loups maigres qui rôdent
Et les vieux renards qui maraudent.
Vive un fagot qui brûle clair !
Auprès de l'âtre à chaude haleine,
Ma belle hôtesse Madeleine,
Voulez-vous placer vos appas ?
Vous partagerez mon repas,
Et nous causerons bouche pleine !

Vite une bouteille, etc.

La soif dessèche mon gosier,
La faim me tenaille le ventre,
Après Vêpres, je suis bon chantre,
Je bois autant que Grandgousier.
Ta femme aussi ! quelle gaillarde !
J'aime sa prunelle égrillarde
Et son bel appétit de roi,
Lorsque je vois entre elle et moi
Saucisses, jambon et poularde !

Vite une bouteille, etc.

Ah ! c'est que j'ai travaillé dru,
Ce jour, tudieu ! quelle besogne !
Quand dans mes vignes, sans vergogne,
Ils saccageaient mon meilleur crû.

Ces fiers soldats de Picrochole
Ont payé cher leur rage folle :
Je les ai tous escarbouillés,
Transpercés et détripaillés...
Mais ma colère ici s'envole !

Vite une bouteille, etc.

Un moine savant n'est qu'un nain,
Il me fait bâiller lorsqu'il prêche !
Ta joue est rose, tendre et fraîche,
Comme une cuisse de nonain.
Un seul baiser sur ta paupière
Vaut la plus ardente prière :
Dieu ! c'est l'Amour et le Soleil.
L'un fait mûrir le vin vermeil,
L'autre peuple la terre entière !

Vite une bouteille, etc.

Cerveaux complets, estomacs sains,
Les roses naissent sur vos trognes.
On voit bien plus de vieux ivrognes
Qu'on ne voit de vieux médecins.
Aussi, quels soins j'ai pour ma cave !
Devant mes tonneaux je suis grave.
Mieux que le service *divin*,
Je fais le service *du vin*,
Et je me moque du Conclave !

Vite une bouteille, etc.

La foudre et le vent dans les airs,
Unis aux diables de tous grades,
Font leur cent mille pétarades,
L'orage roule, plein d'éclairs.
Tes glousglous, liqueur sans pareille,
Chantent quand même à mon oreille.
Je bois, hôtesse, à ta vertu !
Mon bréviaire, à moi, vois-tu,
C'est ton œil noir et ma bouteille !

Vite une bouteille, etc.

Mon Grand-Père

Il est, tout au fond de mon cœur,
Un souvenir que je révère,
Que je caresse avec bonheur :
C'est l'image de mon grand-père,
Dont je revois la bonne humeur,
Lorsqu'à table il vidait son verre.
Je le vois disant, l'œil en feu :
Voici du vin de bonne souche !
Et sa main qui tremblait un peu,
Montait lentement à sa bouche.

Alors, mon grand-père buvait,
    Et sa prunelle
  Lançait une étincelle ;
Lorsque mon grand-père buvait,
Quel regard brillant il avait !

Ah ! je me sens tout raffermi,
S'écriait-il, et ma mémoire
Dans ce bourgogne, un vieil ami,
Revoit ma jeunesse et la gloire,
Et me rappelle qu'à Valmy
J'eus aussi ma part de victoire.
J'avais ton âge ; le canon
Déchirait l'air de sa voix forte.
Je crois presque avoir vu mon nom
Dans les bulletins... mais qu'importe !

Alors, etc.

Devinerais-tu, galopin,
Que j'ai fait campagne avec Hoche,
Un pied chaussé d'un escarpin,
L'autre d'une simple galoche,
Et qu'un jour il m'a dit : Clampin,
As-tu des billes dans ta poche ?
— Mon chef, j'ai déjà vu le feu,
Dis-je indigné, les yeux farouches.

Des billes, moi !... je n'ai, morbleu,
Qu'une toupie... et des cartouches !

Alors, etc.

C'était l'époque des Titans.
Le souffle des chansons guerrières
Faisait pousser des combattants,
Soldats de bronze aux âmes fières,
Que des généraux de vingt ans
Entraînaient là-bas, aux frontières.
Peuple et marquis vers l'étranger
Portaient leur rage et leur furie,
Les nobles, pour nous égorger,
Nous, pour défendre la Patrie.

Alors, etc.

Ah ! la Patrie, enfant, vois-tu,
C'était notre mère adorée.
L'aimer était notre vertu,
Et sous sa bannière sacrée,
Sans peur, nous avons combattu,
Sifflant les rois et leur livrée.
Paysans, bourgeois, faubouriens,
Comme un seul homme, sans réplique,
Nous marchions tous, fiers citoyens,
Et soldats de la République.

Alors, etc.

Dans nos étapes quel entrain !
Moi, j'allais, plein de confiance,
Passant et repassant le Rhin,
Prenant Spire, prenant Mayence,
Et la taille, en vrai suzerain,
Des beautés aux yeux bleu faïence.
Je pourrais remplir un album
Des noms de leurs villes conquises
Et de ceux de leurs femmes... Hum !
Tu me fais dire des sottises.

Alors, etc.

Ses récits, par mille détours,
Nous menaient souvent jusqu'à Rome ;
Puis, fatigué d'un long parcours,
Grand-père alors faisait son somme.
A présent, il dort pour toujours.
J'aime à parler du cher bonhomme ;
Car il reste au fond de mon cœur,
Son souvenir que je révère,
Et je caresse avec bonheur
L'image de mon vieux grand-père.

Je le revois lorsqu'il buvait :
        Quelle étincelle
    Animait se prunelle !
Ah ! lorsque grand-père buvait,
Quel regard brillant il avait !

Un Nid de Fauvettes

Voici le printemps : la Nature
En souriant se rajeunit ;
Partout des fleurs, de la verdure,
La fauvette bâtit son nid.
Glanant le brin d'herbe, la mousse,
Qu'elle confie au vert buisson,
Elle travaille, et sa voix douce
Répète aux échos sa chanson.

Nid charmant, l'ombre et le mystère
Te cachent aux regards méchants,
Et, le soir, la brise légère
T'apporte les parfums des champs !

Il est au bas de la colline,
Cet espoir de deux petits cœurs ;
Le chèvrefeuille et l'aupépine
Autour de lui penchent leurs fleurs...
Et le matin, lorsque l'aurore
Se lève et monte vers les cieux,
Un de ses rayons le colore
Dans un sourire radieux !

Nid charmant, l'ombre et le mystère
Te cachent aux regards méchants,
Et, le soir, la brise légère
T'apporte les parfums des champs !

Sous ton aile, douce fauvette,
Tu réchauffes gentils œufs gris,
Plus tard ton amour, miette à miette,
Se partage entre tes petits,
Sous tes soins grandit leur plumage,
Bientôt chaque oiseau prend son vol ;
On les revoit, dans le bocage,
Lutter avec le rossignol.

Quand rêveuse, sous la charmille,
Rose viendra vous écouter,
Autour de cette blonde fille,
Petit oiseaux, venez chanter !

Une Mère à sa Fille

Allons ! approche un peu, fillette ;
Puisque nous allons à ce bal,
Je veux inspecter ta toilette,
Où se cache notre arsenal...
Car — vaincre n'est pas chose aisée ;
Il faut conquérir un époux.
Ne ménageons donc pas nos coups ;
Sois belle, et surtout sois rusée,
Et devant les beaux amoureux,
Ouvre l'œil !... et baisse les yeux !

Le sexe fort devient bizarre,
Il veut échapper à l'hymen...
De mon temps l'homme était moins rare :
Cent fois j'ai refusé ma main.
Lorsque je l'offris à ton père,
Ce fut un triomphe pour lui !...
Las ! quel changement aujourd'hui !...
Pauvre enfant, c'est à toi de plaire,
Mais, devant tous ces précieux,
Ouvre l'œil !... et baisse les yeux !

Cette rose sur ton corsage
Va faire un effet ravissant,
Etudie un peu ton visage,
Ebauche un sourire innocent.
Ce miroir est là qui t'admire
Et qui reflète ta beauté...
Je te le dis sans vanité,
Tu vas être le point de mire !
Ce sera l'instant périlleux...
Ouvre l'œil !... et baisse les yeux !

Ton sourire est un peu timide...
Laisse admirer tes dents d'émail,
Ombrage mieux ton front candide
Sous cette mèche en éventail.
Etale ta grâce ingénue,
Que les cœurs pleuvent sous tes pas !

L'innocence a bien des appas...
Puis ton épaule est un peu nue ;
Aussi, devant les curieux,
Ouvre l'œil !.. et baisse les yeux !

Les feux de tes yeux noirs, cher ange,
Semblent appeler les Amours ;
Adoucis ces feux sous la frange
De tes cils au soyeux velours.
Petits airs de pensionnaire
Plaisent surtout où nous allons ;
De plus, je sais qu'en ces salons
Nous aurons un millionnaire,
Il cherche une épouse... il est vieux !
Ouvre l'œil !.. et baisse les yeux !

Oh ! comme ils vont te trouver belle,
Fleur éclose dans mon printemps !..
Et t'admirant, je me rappelle
Que j'eus comme toi dix-huit ans.
Je fus adulée, entourée...
Il a fui, le joyeux essaim !..
Ces perles font bien sur ton sein :
Comme elles ta gorge est nacrée.
Les soupirants seront nombreux !
Ouvre l'œil !.. et baisse les yeux !

Allons ! partons ! Prends ton hermine :
La voiture en bas nous attend.
Partons vite, car je devine
Pour nous un triomphe éclatant !
Or, avant que le mois s'achève,
Je veux signer à ton contrat ;
Pour l'instant, marchons au combat...
Mais, pour mieux voir, ô fille d'Ève,
A tes pieds tous ces orgueilleux,
Ouvre l'œil !.. et baisse les yeux !

Ma Pipe !

Comme la brume se dissipe
Aux premiers rayons du soleil,
L'ennui qui guette mon sommeil
Pour m'accaparer au réveil,
S'enfuit dès que j'ai pris ma pipe.

Au saut du lit, quand mon talon
Foule ma carpette ouatée,
Je prends avec mon pantalon
Ma pipe déjà culottée.
Béat comme un bénédictin,
Saintement alors je l'allume,
Et comme un bienheureux je fume.
C'est ma prière du matin.

Le vent, la pluie ou le brouillard
Vont jusqu'à me rendre farouche ;
Mais comme je deviens gaillard
Dès que j'ai ma pipe à la bouche !
Dans ses tourbillons odorants
Se bercent mes douces chimères ;
Je les vois s'envoler légères
Jusques aux nuages errants.

Parfois, le soir, au coin du feu,
J'évoque un passé que j'oublie :
Je revois jeunesse et ciel bleu,
Et mes jours de mélancolie.
Ma vie est un livre effacé ;
Ma mémoire devient rebelle ;
Seule, ma pipe me rappelle
Les histoires de mon passé.

Est-il un bonheur plus complet
Qu'un repas d'amis, où sans gêne
On déboutonne son gilet,
Où la bouteille est toujours pleine ?
Dans les cerveaux quels doux frissons !
Le vin a lancé ses fumées ;

Celles des pipes bien aimées
S'envolent avec nos chansons.

J'aime la femme ; à son autel
Souvent j'ai suspendu mon âme.
Doux serments d'amour éternel,
Comme vous attisiez ma flamme !
Mais, hélas ! l'idole sans foi
Fuit un jour comme l'hirondelle ;
Ma pipe m'est toujours fidèle,
Elle ne brûle que pour moi.

Peut-on contempler sans regret,
Lorsque vient le soir de la vie,
Son beau soleil qui disparaît,
Qui tombe, tombe et vous oublie ?
On peut en gémir, c'est permis ;
Pour moi, j'ai pris la mort en grippe ;
Je ne veux pas casser ma pipe :
Ma blague est encor pleine, amis.

Comme la brume se dissipe
Aux premiers rayons du soleil,
L'ennui qui guette mon sommeil
Pour m'accaparer au réveil,
S'enfuit dès que j'ai pris ma pipe.

A la Mémoire de Robinot

BANQUET DU 2 AOUT 1882

Nous, fervents Chansonniers, qu'un même but rassemble
Et dont les cœurs joyeux battent à l'unisson,
Nous tous qu'un même culte a fait trinquer ensemble
   A la reine Chanson ;
Nous, qui dans nos BANQUETS savons chanter et boire,
Nous, les favorisés, les heureux, les élus,
Faisons trêve, et jetons des fleurs à la Mémoire
   De l'Ami qui n'est plus !

Robinot, le poète à l'âme sensitive,
Le poète aux accords graves, charmants et doux,
Ne réjouira plus notre oreille attentive :
   Il a fui loin de nous !
Il est parti là-bas, vers le pays des songes,
D'où l'on ne revient pas, mais où tous nous irons,
« Meilleur Monde » a-t-on dit. Vérités ou mensonges,
   Trop tôt nous le saurons.

Mais un ami nous manque, et c'est là triste chose.
De notre chaîne, hélas ! un anneau s'est brisé !
Lui, l'ardent amoureux de l'oiseau, de la rose
   Et du ciel embrasé !
Le poète des fleurs, aux accents pleins de charmes,
Qui cueillait, radieux un brin d'herbe, et rêvait,
Dont le cœur plein d'amour savait trouver des larmes
   Pour tout ce qui souffrait !

Lui, trop doux pour forger de mordantes satires,
Mais qui dans nos banquets accourait chaque mois,
Tout heureux de mêler son sourire à nos rires
   Et sa voix à nos voix ;
Lui, qui dans la chanson a su marquer sa trace,
Puisqu'il s'en est allé pour ne plus revenir,
Nous saurons pour l'ami conserver une place
   Dans notre souvenir !

Le chemin de la vie aboutit à la tombe !
Qu'importe ! respirons les parfums enivrants.
Aimons ! buvons ! chantons ! et si l'un de nous tombe,
     Vite serrons les rangs !
Marchons le verre en main vers la suprême étape,
Et quand pour l'un de nous vient le dernier frisson,
Recueillant à sa main le verre qui s'échappe,
     Buvons à la Chanson !

Toast à la Chanson

Je te salue, ô toi, gracieux et viril,
Toi la vie et la force, ô mon beau mois d'Avril !
La feuille reparaît, le brin d'herbe se lève,
Tout renaît et fleurit, tout déborde de sève :
C'est le grand Renouveau, plein d'espoir et d'amour,
Salut, beau mois d'Avril ! Salut à ton retour !

Que l'aubépine en fleur est belle dans les haies !
Et qu'il fait bon courir sous les hautes futaies,
Où l'on voit s'égarer, furtifs et tout heureux,
Loin des sentiers battus, les couples amoureux !
Des grands bois, des prés verts, des sillons, des ravines,
Montent mille parfums qui gonflent nos poitrines.
La Nature, assoupie, a repris son essor,
Le Soleil l'aiguillonne avec ses flèches d'or ;
Et nous sentons en nous courir de chauds effluves,
Ainsi qu'un vin nouveau bouillonnant dans les cuves !
C'est le beau Germinal ! Poète, prends ton luth
Et chante un hosanna sur la Nature en rut !
Que tout ce qui respire et sur terre et sous l'onde,
Sous le Ciel qui sourit, s'enlace et se féconde !
Et toi, fille nubile, à ton front virginal,
Arrache sa couronne et fête Germinal !
La grande loi, l'Amour s'impose aux plus rebelles...
— L'avez-vous remarqué ? les femmes sont plus belles.—
Bien que vieillis d'un an, nous nous sentons plus forts :
Une vigueur nouvelle a rajeuni nos corps ;
Car une lave en feu circule dans nos veines.
C'est de la cantharide, Avril, que tu promènes,
Et que nous respirons dans les airs embrasés,
Qui fait que toute lèvre appelle les baisers !
C'est la grande Chanson ! unique, universelle,
L'immense chant d'amour à grands flots qui ruisselle,
La vie à pleines mains jetée à l'avenir !
Le Monde qu'on dit vieux n'est pas près de finir.
Allez ! courez partout, dans les bois, dans les herbes...
Partout vous entendrez les chants d'amour superbes !
De nos ravins sans fond et des sommets déserts
Monteront vers le Ciel de sublimes concerts ;

Et de toutes ces voix, un mot, toujours le même,
Éclatant, sortira, criant partout : *Je t'aime !*

Oh ! quels accents charmeurs sortent de nos buissons !
Écoutez ! écoutez ces joyeuses chansons !
Pour la couvée ailée un petit nid s'apprête...
Chante, Rossignolet, chante, douce Fauvette !
Réveillez les échos par vos accords si purs ;
Couvez-nous des chanteurs pour nos Avrils futurs ;
Cachez loin des méchants vos petites familles ;
Éparpillez dans l'air tous vos merveilleux trilles.
Chantez, petits oiseaux, tant que dure le jour...
Moi, Chansonnier, je bois à vos chansons d'amour !

Premier Trimestre

JANVIER

SONNET

C'est le mois des frimas, et dans les plaines blanches,
On chercherait en vain les sentiers effacés.
Nivelant tout, la neige a comblé les fossés.
Le Nord roule sur nous ses froides avalanches.

Nous n'avons plus, hélas ! ni soleil, ni dimanches,
Les arbres, jadis verts, semblent des trépassés ;
Leurs fruits !... le confiseur nous les offre... glacés !
Qu'ils étaient plus vermeils lorsqu'ils pendaient aux branches !

Et la Parisienne au suave profil,
Si séduisante alors que reparaît Avril,
Voit sa face bleuie et son nez écarlate !

Seuls, les bébés joyeux, ont des cœurs embrasés ;
Il leur pleut des joujoux, des bonbons, des baisers.
J'en excepte, pourtant l'orphelin sans savate.

FÉVRIER

SONNET

Comme le masque ancien, d'un côté face blême,
Une lèvre pendante et des yeux tout voilés
Qui traînent sur le sol des regards désolés,
Un teint jaune et moisi... Jeûnez ! c'est le Carême.

L'autre face, ah ! morbleu ! vaut seule un long poème,
C'est-à-dire un sonnet !... Ses airs échevelés,
Son rire large ouvert et ses propos salés
Disent : c'est Mardi-Gras ! Boum ! Me suive qui m'aime !

Les cornets à bouquin sonnent le carnaval
Quatre joueurs de Cor se suivent à cheval,
Cinq ou six Chie-en-lit... puis, c'est tout... Mais la rue

Est pleine de badauds. Et l'on entend des vieux
Qui soupirent, disant : Autrefois c'était mieux :
La gaîté disparaît... mais non pas la morue.

MARS

SONNET

—

Un mois humide et triste ! Un mois où l'on s'ennuie !
Quelquefois du soleil, des rafales souvent.
On marche tête basse, en maudissant le vent
Qui retourne à l'envers votre vieux parapluie.

La rue est un marais où se plairait la truie.
Le jeune homme amoureux le traverse en rêvant ;
Il nage dans l'azur, et se pâme devant
L'image d'un baiser qui l'éponge et l'essuie.

Mais, moi ! Triste et grincheux, crotté comme un barbet,
Quand je rentre au logis. j'entends déjà Babet
(Ma moitié !... Je voudrais bien vous voir sous sa coupe !)

Qui s'écrie : Allons ! bon ! Le voilà, mon butor !
Est-il propre ! est-il fait !... Et grogne une heure encor
Avant de se calmer et de servir la soupe !

Table des Matières

Imprimerie Centrale - Nice